CHARLES XII
A LA NARVA,

EPISODE ÉPIQUE,

Pièce qui a obtenu une Mention honorable de l'Académie, dans sa séance du 15 avril 1813;

Par J. F. Casimir DELAVIGNE,

ÉLÈVE EN PHILOSOPHIE AU LYCÉE NAPOLÉON.

Arma virum que cano........

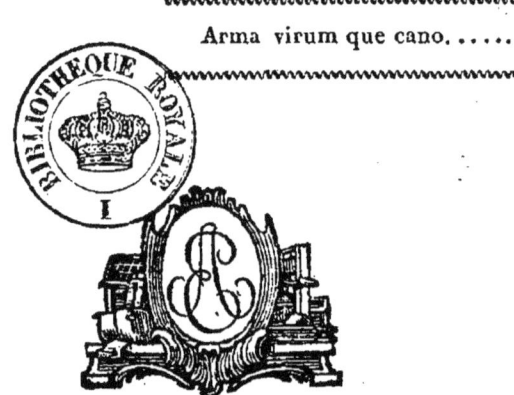

PARIS,

DE L'IMPRIMERIE D'ÉVERAT, RUE St.-SAUVEUR, N°. 41.

1813.

Le sujet du concours était un Épisode du genre épique. Le prix n'a point été décerné.

CHARLES XII
A LA NARVA,

ÉPISODE ÉPIQUE.

Arma virum que cano........

Au fond de ces déserts, où chargé de glaçons,
L'hiver semble occuper le cours de trois saisons,
La Narva de ses eaux baigne des lieux sauvages,
Et d'éternels frimats hérissent ses rivages.
Le ciel qui les éclaire est pâle et nébuleux;
Quelques rochers lointains, quelques monts sourcilleux,
Bornent à l'horizon la solitude immense
Dont les flots et les vents troublent seuls le silence.
Soudain l'airain mugit; et la voix des échos
Interrompit le cours de ce morne repos.
Dans les déserts surpris les clairons retentirent;
Sur le sommet des monts, les Dryades frémirent;
La nymphe de ces bords, sortant de son palais,
Aux regards des mortels exposa ses attraits;

Les frimats, suspendus à des joncs sans verdure,
Paroient de leur éclat sa blonde chevelure,
Et sur son front, brillant de grâce et de beauté,
Ces ornements perdoient leur sauvage âpreté.
La déesse, au milieu des Nayades craintives,
Ralliait d'un souris leurs troupes fugitives ;
Mais, quand les champs couverts d'armes et d'étendards,
D'un appareil guerrier frappèrent ses regards,
Tremblante, elle s'enfuit sous le cristal des ondes ;
Et cacha son effroi dans ses grottes profondes.

Deux héros dont la gloire a consacré les noms,
Dans la plaine étendoient leurs nombreux escadrons.

L'un est cet Empereur, l'orgueil de sa patrie,
Qui long-temps s'exila d'une terre chérie,
Et rapportant les arts au fond de ses forêts,
A l'Europe étonnée enleva ses secrets.
Pour se former un cœur digne du rang suprême,
Avant de commander il obéit lui-même :
Artisan sur la terre, et nocher sur les eaux,
Au combat, lieutenant de ses vieux généraux ;
Pierre, par ses efforts et ses pénibles veilles,
D'un règne glorieux prépara les merveilles ;
Et forçant les destins à le favoriser,
Fatigua leur courroux et sut les maîtriser.

Entouré de guerriers chéris par la Victoire,
L'autre est ce roi fameux, jeune amant de la Gloire ;
L'Alexandre du Nord, fier, généreux, ardent,
Toujours opiniâtre et par fois imprudent,

Qui voit tout d'un regard, dont l'âme peu commune
Par ses hardis projets étonne la fortune.
Contre lui que pourroient vingt Peuples réunis ?
Avant d'être assemblés ils sont déjà punis.
Un triomphe incomplet ne peut le satisfaire ;
Il n'a rien fait encor tant qu'il lui reste à faire ;
Au milieu du carnage il ordonne, il combat,
Et naquit à la fois général et soldat.

Auguste a menacé l'héritier des Gustave, (*)
Pierre protège envain Auguste son esclave,
Envain ils sont unis. Charles, dont le grand cœur
Ne sait point déguiser sa bouillante fureur,
Brûle de contenter la justice et la haîne ;
Des Polonais captifs il veut briser la chaîne,
Et venger un état toujours fier de ses droits,
Toujours républicain et libre sous les rois.
Confondre un fol orgueil, punir la tyrannie,
Voilà les dignes soins de ce puissant génie !
Un seul jour va montrer, à ses rivaux tremblants,
Quels sont les premiers coups d'un héros de vingt ans.

Sous les drapeaux du Czar, marche un peuple indomptable,
Froid, mais plein de valeur ; lent, mais infatigable,
Qui né pour tout braver, et fait pour tout souffrir,
Ne sait pas encore vaincre et sut toujours mourir.
Le monarque prudent, pour le Russe immobile
Redoutant des Suédois le courage docile,

(*) Auguste s'étoit uni au Czar, en s'engageant à lui fournir des troupes contre Charles XII, et ce traité avoit indisposé les Polonais contre lui.

Oppose un long contour d'épais retranchements
A la vivacité de leurs prompts mouvements ;
Et ces vastes remparts, formidables barrières,
Où son ordre a placé cent bouches meurtrières,
Vomiront dans les rangs la foudre et le trépas.

Mais, quels forts, quels remparts arrêteraient vos pas ?
O vous ! d'un roi vaillant compagnons intrépides !
Seul, il peut mettre un terme à vos exploits rapides ;
Il parle : en combattant vous l'avez écouté ;
On vous voit accomplir ce qu'il a médité,
Et, soumis à la voix que vous venez d'entendre,
Eviter le péril, le chercher ou l'attendre.

Déjà l'affreux clairon et les tambours bruyans,
Font retentir le ciel de leurs sons effrayans.
L'air gronde ; le plomb siffle ; au loin le désert fume ;
Dans l'homicide airain le salpêtre s'allume.
Jadis, Mars en courroux sut, par un art nouveau,
Donner au dard léger les ailes de l'oiseau ;
Mais depuis, plus adroit, pour ravager la terre,
Il surprit à Vulcain le secret du tonnerre.
Le dieu cruel accourt au bruit des combattants,
Et secouant sur eux deux flambeaux éclatants,
Allume au fond des cœurs le désir du carnage,
Et la soif de la gloire, et l'audace, et la rage.
Les Suédois maîtrisant leur fougueuse valeur,
Marchent à l'ennemi sans trouble et sans lenteur,
Devant eux l'éclair luit et la foudre étincelle,
Le sang à gros bouillons sur la neige ruisselle ;

Ils ne redoutent rien : les soldats renversés
Par de nouveaux soldats sont bientôt remplacés.
Charles, tout radieux de joie et d'espérance,
Porte sur son visage une noble assurance,
C'est un jeune immortel ; il vole dans les rangs,
Rassure les blessés, console les mourans.
Il sourit, quand sans cesse un sifflement horrible
Trahit le fer cruel dans sa course invisible ;
Il exhorte, commande, et, d'un œil satisfait,
Voit tout se déployer dans un ordre parfait.
On le trouve partout où le péril l'appelle,
Il crie avec transport : « Marchez, troupe fidèle,
» O mes braves amis, ne vous démentez pas !
» Nous vaincrons ! J'ai pour moi le sort et mes soldats ! »
Ces mots, l'air triomphant du chef qui les prononce,
Son regard qui demande une digne réponse,
Les sublimes accents des instruments guerriers,
Le sol qui retentit sous les pas des coursiers,
Les étendarts flottants, les clameurs, la menace,
Un je ne sais quel bruit dont s'enivre l'audace,
Tout inspire aux Suédois d'impétueux efforts.
Ils courent à l'assaut plus légers et plus forts :
L'ennemi doit céder à ces soldats terribles,
Et sûrs d'être vainqueurs, ils seront invincibles.

Sous un chef immortel, ainsi, nobles Français,
Peuple aimable et vaillant, vous courez aux succès ;
Vous êtes les héros des combats et des fêtes ;
Vous aimez que le plomb vole autour de vos têtes ;
Et victimes du sort, l'air serein, l'œil content
Pour la France et l'honneur vous mourez en chantant !

Cependant échappés du séjour des orages, (*)
Au loin les aquilons étendent leurs ravages ;
Ils chassent devant eux les frimats du désert,
Environnent le Czar, l'assiègent de concert,
Et gonflés de vapeurs, soufflent sur son armée
Des tourbillons de feu, de neige, et de fumée.

Par ce nuage épais cachés de toutes parts,
Déjà les assaillants s'approchent des remparts ;
Le bronze les seconde et leur ouvre un passage,
Le danger qui s'accroît augmente leur courage.
Les voyez-vous marcher au milieu des débris !
Semblent-ils un moment effrayés ou surpris ?
Et parmi ces guerriers, en est-il qui balancent ?
A travers mille morts, ils courent, ils s'élancent,
La terre roule en vain sous leurs pas chancelants,
Les deux bras attachés aux décombres sanglants,
Ils gravissent ensemble, ils tombent, se redressent,
Pour conserver leurs rangs se soutiennent, se pressent.
Les Russes sur la brêche attendent sans pâlir,
Et c'est un mur vivant qu'il faudra démolir.
Ici tout est tranquille, et plus bas tout s'agite.
Le Suédois tour à tour marche ou se précipite.
Les uns presque au sommet de fatigue épuisés
Sous des rochers fumants périssent écrasés ;
D'autres moins malheureux, dans leur chûte effroyable,
Entraînent l'ennemi dont le poids les accable.

(*) Les Suédois avoient au dos une neige furieuse, qui donnoit au visage des Russes. (Voltaire.)

Là, par un même coup deux soldats renversés
Expirent satisfaits de mourir embrassés ;
Tous deux étoient unis d'une amitié fidelle,
Ils sont unis tous deux dans la nuit éternelle.
Ainsi, jeune Euryale, aux champs de Latinus,
Tu reçus le trépas avec ton cher Nisus.
Plus loin tombe un enfant que le sort de la guerre
Avoit ravi trop tôt à l'amour de sa mère ;
Ses frères, en pleurant, vouloient le retenir,
Vains efforts ! il succombe, un dernier souvenir
Vient encor rappeler à son âme attendrie,
Le groupe fraternel, et la douce patrie.

Le fer frappe le fer, et bientôt corps à corps
Les guerriers rapprochés redoublent leurs efforts ;
On ne veut plus parer, on frappe à l'aventure,
Le soldat en blessant reçoit une blessure,
Mille coups sont portés et nul coup n'est perdu ;
Le sang des deux partis coule au loin confondu ;
Ce n'est plus un combat, c'est un affreux carnage
Où l'aveugle fureur remplace le courage.

Pierre, tout haletant, se défend en héros,
Nul trouble dans son cœur, pour son bras nul repos ;
Il ramène au combat le bataillon qui cède,
Repousse l'ennemi dont la valeur l'obsède ;
Son glaive tour à tour immobile, agité,
Indique un ordre, ou frappe avec rapidité.
Il immole Stanof, fameux par son adresse,
Du généreux Darnheim désarme la vieillesse,

Et du fier Stipenbach déjà blessé trois fois,
Termine en même temps la vie et les exploits.
Le Czar, étincelant de colère et d'audace,
Semble dire aux Suédois que son courroux menace :
« Gardez-vous d'approcher ou redoutez mon bras ! »
Mais Pierre le dirait qu'ils ne trembleraient pas.
Vaincu par Levenhaupt, Fédérowitz succombe,
Romansoff lui succède et le suit dans la tombe.
Renschild, seul contre deux, terrasse Zadoski,
Et d'un plomb meurtrier blesse Dolgorouki.
Odoard, dont le roi distingue la jeunesse,
Odoard tant aimé de sa belle maîtresse,
Court, vole, et le premier, debout sur le rempart,
Devant le Czar surpris plante son étendart.
La mort eût pardonné cette ardeur à ton âge,
Odoard, si la mort pardonnait au courage !
Vains souhaits, sans retour elle a fermé tes yeux,
Tu meurs pour ton pays ton sort est glorieux.
Mais qui refuserait des pleurs à ton amante ?
On dépose à ses pieds cette écharpe sanglante ;
Cette écharpe, où ses doigts en des temps plus heureux,
Avoient entrelacé vos chiffres amoureux.
Ismène gémissante et te cherche et t'appelle,
Et s'accuse elle-même en sa douleur mortelle.
Elle devait fléchir, enchaîner ta valeur ;
Que n'a-t-elle suivi tes pas au champ d'honneur ?
Les assauts, les combats, et le trépas lui-même,
Elle aurait tout bravé pour le héros qu'elle aime ;
Ismène du vainqueur eut désarmé la main,
Ou s'il t'avoit frappé de son glaive inhumain,

Descendue avec toi sur le rivage sombre,
Elle auroit chez les morts accompagné ton ombre.

Mais d'où vient qu'en désordre, à pas précipités,
Les Russes éperdus, courent de tous côtés,
Et quittant leurs remparts, reculent dans la plaine?
Qui peut leur inspirer cette frayeur soudaine?
Quel ennemi? Quel dieu s'avance et les poursuit?
C'est Charles : par la main la gloire le conduit;
Dans leur rapide essor ses phalanges guerrières,
Sur leurs coursiers fougueux ont franchi les barrières;
Il est maître du camp, et les soldats épars
Ne peuvent soutenir le feu de ses regards.
Pierre au milieu des siens les presse, les gourmande.
Il recule, il revient, il conjure, il commande.
« Où courez-vous, amis? Lâches, où courez-vous?
» Ceux que vous redoutez sont moins nombreux que nous;
» Au nom de votre gloire, au nom de la patrie,
» L'Empereur vous l'ordonne, et Pierre vous en prie,
» Revenez, désarmons l'injustice du sort,
» Nous trouverons ici la victoire ou la mort. »
Il veut les rassurer, sa voix les épouvante;
Il veut les retenir, et leur terreur augmente.
Le monarque s'épuise en efforts superflus;
Troublés, désespérés, ils ne l'écoutent plus;
On méconnaît en lui l'autorité suprême;
On l'entraîne; tout fuit, et les chefs et lui-même,
Et les simples soldats et les nobles boyards;
Les champs ensanglantés sont couverts de fuyards.

Quand un amas de neige élancé des montagnes,
D'un désastre prochain menace les campagnes,

Tout fuit dans les vallons, tout fuit sur les côteaux ;
Les laboureurs tremblans désertent les hameaux ;
Mais qu'un chêne s'oppose au choc épouvantable,
Il résiste un moment ; et son tronc vénérable,
Des pâles habitans protégeant la frayeur,
Suspend au-dessus d'eux le fléau destructeur :
Tel dans l'effroi commun un seul guerrier s'arrête,
Seul il brave pour tous le choc de la tempête.
Fœdor ne sut jamais dévorer un affront,
Jamais les ennemis n'ont vu pâlir son front.
A ses flancs attachée une hache étincelle,
Un fer large et tranchant arme sa main cruelle ;
Les dépouilles des ours, par son bras terrassés,
Le couvrent tout entier de leurs poils hérissés,
Et leurs plis réunis autour de sa ceinture,
Environnent son sein d'une flexible armure.
« CHARLES, l'un de nous deux est à son dernier jour,
» Dit-il, jeune héros, réponds moi sans détour,
» Je t'appelle au combat en loyal adversaire ;
» Si tu ne me crains point, tu dois me satisfaire ;
» Accepte mon défi, je t'attends, j'ai l'espoir
» De te donner la mort ou de la recevoir. »
CHARLES commande à peine à son impatience.
« Moi craindre ! répond-il, ton doute est une offense !
» Moi craindre ! approche donc guerrier foible et hautain,
» Et je vais t'épargner la moitié du chemin. »
Les soldats agités de crainte et d'espérance,
S'arrêtent à l'aspect du combat qui commence.
Sous leur noble fardeau les coursiers bondissant,
Conservent leur fierté même en obéissant,

Leurs naseaux sont gonflés, et leur regard s'allume ;
Ils tourmentent le frein qui se blanchit d'écume.
Au-dessus d'eux l'acier se croise dans les airs,
Se rencontre, résonne, et lance des éclairs.
Chacun des deux guerriers s'allonge ou se replie.
Par son agilité, Charles se multiplie ;
Fœdor, plus vigoureux, cherche par sa lenteur
A fatiguer le bras de son vif agresseur :
L'un frappe coup sur coup ; l'autre oppose sans cesse
Le calme au mouvement, la force à la souplesse.
Entre les combattans l'avantage est égal ;
Mais le roi qui voltige autour de son rival,
Le trompe tout à coup par une habile feinte,
En menaçant le front médite une autre atteinte,
Perce de part en part la cuisse du guerrier,
Et retirant le fer, s'en couvre tout entier.
Le Russe qui frémit de rage et de souffrance,
Veut qu'un coup décisif assure sa vengeance ;
Dressé sur les arçons, debout, le corps tendu,
Il presse des deux mains son glaive suspendu,
S'élance sur le roi, le frappe......un cri s'élève !
Le monarque léger sait éviter le glaive
Qui glisse sur son bras blessé légèrement ;
Et tandis que Fœdor dans son faux mouvement
Prend pour se retenir une peine inutile,
Le prince, en écartant la cuirasse mobile,
Plonge au cœur du héros un fer victorieux,
L'y replonge, et s'éloigne en détournant les yeux.
Fœdor tombe indigné de céder la victoire.
Son coursier, noble ami qui partageait sa gloire,

Surpris et consterné dans ce fatal moment,
Vers les restes chéris se penche tristement.
Sur son front incliné ses longs crins se déroulent,
Et de son œil éteint, de grosses larmes coulent.

De la nuit cependant le voile protecteur
Cachoit les ennemis aux regards du vainqueur.
Le prince fatigué d'une longue poursuite,
Et cessant à regret d'ensanglanter leur fuite,
Sur un lit glorieux formé de leurs drapeaux,
Alloit s'abandonner aux douceurs du repos.
Il méditoit : soudain une vive lumière
Du monarque ébloui vient frapper la paupière.
Un immortel génie apparaît dans les cieux ;
Le jour a moins d'éclat que son front radieux.
La flamme le couronne, et sa barbe divine
Se répand à grands flots sur sa large poitrine,
Appuyé d'une main sur un riche pavois,
Où brille un aigle altier ceint du bandeau des rois (*);
De l'autre il porte un sceptre, auguste récompense
Qu'il accorde au mérite et non à la naissance ;
Et de son pied nerveux foule des fers brisés,
Dont le poids a meurtri ses bras cicatrisés.
C'est le puissant génie aux Polonais fidèle.
Il s'adresse au héros vengeur de leur querelle :
« Poursuis, jeune soutien de notre liberté,
» C'est ainsi qu'on arrive à l'immortalité.
» Les oracles obscurs à mes yeux s'éclaircissent,
» Et par toi des destins les arrêts s'accomplissent.

(*) Armes de la Pologne.

» La Pologne arrachée au joug de l'oppresseur,
» Dans un prince étranger doit trouver un sauveur.
» Pour vaincre et conquérir le ciel qui le fait naître,
» Lui réserve le droit de nous donner un maître ;
» Et parmi ses guerriers, mes braves Polonais
» Doivent, en le servant, lui payer ses bienfaits.
» Quel beau siècle pour moi ! que d'illustres journées !
» Quand ces deux nations l'une à l'autre enchaînées,
» Sous l'invincible chef adopté par leur choix,
» Pourront rivaliser de valeur et d'exploits.
» Ensemble au champ d'honneur couronnés par la gloire,
» Ensemble proclamés par la voix de l'histoire,
» D'un lien éternel ces peuples vont s'unir,
» Le ciel me l'a promis, tel est notre avenir ;
» Et si jamais le sort trahissait ta vaillance,
» Un autre....mais remplis ma plus douce espérance,
» Et ne t'arrête pas dans un chemin si beau.
» Adieu, je cours t'attendre aux plaines de Clissau (*). »

(*) Plaines où fut livrée la bataille qui décida du sort de la Pologne, et plaça Stanislas sur le trône.

FIN.

www.ingramcontent.com/pod-product-compliance
Lightning Source LLC
Chambersburg PA
CBHW061619040426
42450CB00010B/2566